BEI GRIN MACHT SICH IHR WISSEN BEZAHLT

AF140778

- Wir veröffentlichen Ihre Hausarbeit,
  Bachelor- und Masterarbeit

- Ihr eigenes eBook und Buch -
  weltweit in allen wichtigen Shops

- Verdienen Sie an jedem Verkauf

Jetzt bei www.GRIN.com hochladen
und kostenlos publizieren

Bibliografische Information der Deutschen Nationalbibliothek:

Die Deutsche Bibliothek verzeichnet diese Publikation in der Deutschen National-bibliografie; detaillierte bibliografische Daten sind im Internet über http://dnb.d-nb.de/ abrufbar.

Impressum:

Copyright © 2010 GRIN Verlag
Druck und Bindung: Books on Demand GmbH, Norderstedt Germany
ISBN: 9783668791855

Dieses Buch bei GRIN:

https://www.grin.com/document/174521

Jenna Wegener

Die Qualität von Online-Vokabeltrainern. Welchen didaktischen Mehrwert haben sie für das Unterrichtsfach Französisch?

GRIN Verlag

GRIN - Your knowledge has value

Der GRIN Verlag publiziert seit 1998 wissenschaftliche Arbeiten von Studenten, Hochschullehrern und anderen Akademikern als eBook und gedrucktes Buch. Die Verlagswebsite www.grin.com ist die ideale Plattform zur Veröffentlichung von Hausarbeiten, Abschlussarbeiten, wissenschaftlichen Aufsätzen, Dissertationen und Fachbüchern.

Ruhr-Universität Bochum
Romanisches Seminar
HS Sprachdidaktik: Umgang mit Wortschatz
im Französischunterricht
WS 09/10

Die Qualität von Online-Vokabeltrainern im Hinblick auf ihren
didaktischen Mehrwert im Unterrichtsfach Französisch

1. Einleitung

Die vorliegende Arbeit beschäftigt sich mit der Qualität des Onlineangebotes von Vokabeltrainern für das Fach Französisch. Es soll untersucht werden, ob Online-Vokabeltrainer im Hinblick auf ihren didaktischen Mehrwert wirklich eine innovative und effektive Alternative zu herkömmlichen Vokabeltests auf Papier bieten. Dazu muss zunächst erörtert werden, welche Angebote Online-Vokabeltrainer überhaupt anbieten und ob sie dabei auch pädagogisch-didaktische Kriterien erfüllen. Aus diesem Grund sollen zwei im Internet angebotene Vokabeltrainer für das Fach Französisch unter ausgewählten Kriterien[1] und vor allem im Hinblick auf die folgende Fragestellung untersucht werden: Wie innovativ und effektiv sind Online-Vokabeltrainer wirklich? Worin liegen ihre Unterschiede zu herkömmlichen Vokabeltests auf Papier? Und worin genau liegt die gegebenenfalls neue Motivation für SuS bei der Arbeit mit Vokabeltests aus dem Internet?

Übergreifende Fragestellungen lauten: Bringt die Digitalisierung der Unterrichtsmaterialien wirklich so viel Neues? Oder werden alt bekannte, klassische Vokabeltests lediglich online gestellt?

Bevor diesen Fragen im Hauptteil der Arbeit nachgegangen werden kann, muss zunächst der Begriff *E-Learning* geklärt werden, der in diesem Themenzusammenhang eine wichtige Rolle spielt. Zählt die Arbeit mit Online-Vokabeltrainer zum Bereich *E- Learning*? Und was bedeutet *E-Learning* überhaupt?

Aus diesen Fragen resultierend beginnt die vorliegende Arbeit mit einem Definitionsversuch des Begriffes *E-Learning* und erläutert im weiteren Verlauf eine Unterform namens *Blended Learning*.

Des Weiteren werden die Ziele des Medieneinsatzes im Fremdsprachenunterricht näher beleuchtet, um zu verdeutlichen unter welchen Aspekten Lehrerinnen und Lehrer Medien aussuchen und im Unterricht einsetzen sollten. Auch die bildungspolitische Dimension im Hinblick auf die Medienkompetenz spielt eine Rolle und wird aus diesem Grund kurz vorgestellt.

Um die Untersuchung der Qualität von Online-Vokabeltrainern für das Fach Französisch etwas eingrenzen zu können, soll ihr Mehrwert im Hinblick auf SuS im Alter von 11-13 Jahren untersucht werden.

---

[1] Die vorher in einem Sprachdidaktikseminar „Umgang mit Wortschatz im Französischunterricht" von M.Ed.-Studierenden an der Ruhr-Universität Bochum erarbeitet worden sind.

Vor dem abschließenden Fazit soll dann der, aus der Untersuchung als effektiv hervorgegangene Vokabeltrainer in einen praktischen Unterrichtsvorschlag eingebettet werden.

2. *E-Learning* im Fremdsprachenunterricht

2.1 *E-Learning-* ein Definitionsversuch

Eine exakte Definition des Begriffes *E-Learning* zu liefern, gestaltet sich als schwieriges Unterfangen. Laut Dietmar Rösler,[2] der sich mit diesem Begriff auseinandergesetzt hat, ist *E-Learning* „ein problematischer, nicht klar eingrenzbarer Begriff".[3] Diese Ansicht wird durch den Versuch einer Definition von Michael Kerres, einem Professor für Mediendidaktik an der Universität Duisburg-Essen unterstrichen, aber auch ein wenig eingegrenzt. Laut ihm kann der Begriff *E-Learning* „als Oberbegriff für alle Varianten internetbasierter Lehr-und Lernagebote" verstanden werden.[4]

Eine präzisere bzw. enger eingegrenzte Definition, die beschreibt was genau *E-Learning* bedeutet, lässt sich auch bei weiterer Recherche zu diesem Themenbereich nicht finden.[5]

Der Psychologe Günter Daniel Rey, der sich mit dem Themenkomplex *E-Learning* beschäftigt hat, weiß auch nur von unterschiedlichen Definitionen und weil die **eine** Definition von *E-Learning* so nicht existiert, füllt auch er den Begriff sehr allgemein: „Unter *E-Learning* soll das Lehren und Lernen mittels verschiedener elektronischer Medien verstanden werden."[6]

Da die vorliegende Arbeit gar nicht versuchen möchte **die** Definition des Begriffes *E-Learning* zu liefern, schließt sie sich der Meinung der Experten an und beschreibt das Lehren und Lernen mittels elektronischer Medien als *E-Learning*. Dies bedeutet gleichzeitig, dass auch die Arbeit mit Online-Vokabeltrainern zum Bereich *E-Learning* gehört. Gerade die von Michael Kerres getroffene Definition von *E-Learning* unterstreicht dies.

---

[2] Für diese Arbeit vor allem seine folgende Publikation: Rösler, Dietmar (2004): *E-Learning Fremdsprachen*. Eine kritische Einführung. Tübingen: Stauffenburg.
[3] Vgl. ebenda, S. 8.
[4] Zit. in: Kerres, Michael (2001): *Multimediale und telemediale Lernumgebungen*. Konzeption und Entwicklung. München, Wien: Oldenbourg, S. 14.
[5] Die Tatsache, dass selbst ein Mediendidaktikprofessor eine so weitläufige Definition von *E-Learning* hervorbringt, macht deutlich, wie schwierig es ist eine enger eingegrenzte Definition zu formulieren.
[6] Vgl. Rey, Günter Daniel (2009): *E-Learning*. Theorien, Gestaltungsempfehlungen und Forschung. Bern: Huber, S. 2.

2.2 Blended Learning

Lernseminare, Vorlesungen und auch Unterricht, also Präsenzlernen[7] kann durch Formen des *E-Learnings* ersetzt werden, weil *E-Learning* in vielen Fällen wie z.b. beim sogenannten ,Fernlernen' die Nicht-Anwesenheit der Lernenden mit sich bringt.[8]

Im Schulunterricht bzw. Fremdsprachenunterricht, um den es im weiteren Verlauf gehen soll, wird das Präsenzlernen allerdings nicht durch *E-Learning* ersetzt, hier tritt es viel eher als sogenanntes *Blended Learning*[9] auf. Der Begriff *Blended Learning* bezeichnet eine Mischform zwischen Präsenzphasen und Unterrichtsphasen, in denen Lernen mittels elektronischer Angebote stattfindet. Das heißt, dass elektronische Lernangebote in den allgemein üblichen Präsenzunterricht eingebettet werden und beide Lehrmethoden systematisch kombiniert werden.[10] Die Vorstellung, dass durch Investitionen in Computer und Lernsoftware Gelder für bestehendes Personal eingespart werden kann, hat sich in der Schulpraxis als absolute Illusion herausgestellt.[11]

Bevor im weiteren Verlauf auf die Voraussetzungen für computergestütztes Lernen[12] eingegangen wird, soll zunächst geklärt werden, wie genau sich die Zielvorstellungen beim Einsatz von Medien gestalten und wie sich der bildungspolitische Kontext im Hinblick auf *E-Learning* bzw. *Blended Learning* gestaltet.

2.3 Ziele des Medieneinsatzes im FSU

Nachdem die Bedeutung von *Blended Learning* näher erläutert wurde, soll in diesem Kapitel geklärt werden, wie sich die Zielvorstellungen beim Einsatz von Medien im Unterricht und speziell im Fremdsprachenunterricht gestalten.

---

[7] Präsenzlernen meint, das „Lernen durch die Anwesenheit der Lernenden an einem bestimmten Ort." Wichtig ist bei diesem Begriff aber, das mit ,Ort' nicht ein Computer oder ein Selbstlehrzentrum gemeint ist, sondern das traditionelle Klassenzimmer oder der Seminarraum, vgl. Rösler: *E-Learning,* S. 17, ebenda auch zitiert.

[8] Das ,Fernlernen' muss nicht immer über Formen des *E-Learnings* geregelt werden: Lernmaterialien können auch über den Postweg an den Lernenden übermittelt werden. Heute arbeiten die meisten Fernuniversitäten allerdings mit Online-Angeboten, s. z.B. <http://www.ils.de/ihr_online-studienzentrum_im_internet.php> 12.04.10.

[9] *Blended* kommt aus dem Englischen und kann mit *verschneiden* übersetzt werden. Es finden sich mit diesem Begriff einhergehend auch die Bezeichnungen *hybrides Lernen* oder *verteiltes Lernen*, vgl. Rösler: *E-Learning*, S. 19.

[10] Vgl. dazu das ,E-Learning Portal Baden-Württemberg' im Bereich ,Grundlagen des *E-Learnings*': <http://www.schule-bw.de/elearning/>, 12.04.10.

[11] Vgl. Rösler: *E-Learning*, S. 18. Vgl. dazu auch <http://lehrerfortbildung-bw.de/elearning/>, 12.04.2010.

[12] Dieser Begriff kann synonym zum Begriff *E-Learning* verwendet werden, vgl. Rey: *E-Learning*, S.2.

4

Hier muss zunächst in verschiedene Zielbereiche bzw. „mediale Aufgabengebiete"[13] untergliedert werden: zunächst ist in diesem Zusammenhang der motivationale Aspekt zu nennen. Durch den Medieneinsatz werden Möglichkeiten gegeben Unterrichtsphasen anders zu strukturieren und gleichzeitig aufzulockern. Aus diesen Möglichkeiten von Methodenwechseln und der damit zusammenhängenden Individualität können neue Lernimpulse bei den SuS hervor gerufen werden. Ebenso kann der Einsatz von Medien neue Motivation bei den SuS wecken. Das Vorführen eines Filmes zum Beispiel oder die Arbeit am Computer bietet Lernanreize und oftmals eine willkommene Abwechslung im Schüleralltag.[14]

Ein weiteres Ziel, dass durch den Medieneinsatz erreicht werden kann ist die Selbstorganisation bzw. die Lernorganisation.[15] Diese kann durch das Arbeiten am Computer erreicht werden. Lernende, die vorher möglicherweise nur Empfänger von Instruktionen gewesen sind, müssen bei der Arbeit mit dem Computer bzw. dem Internet umdenken, da sie ihre Lerntätigkeit selbst steuern können, somit zu Benutzern werden und nicht mehr nur Empfänger sind.[16]

Das wichtigste Ziel bzw. Prinzip des Medieneinsatzes speziell für den FSU ist die Möglichkeit der Erreichung von Einsprachigkeit.[17] In vielen Fällen kann der Einsatz von Medien die Vermeidung der Muttersprache im FSU erleichtern.[18] Neue Vokabeln können z.B. durch graphische Darstellungen oder die akustische Umschreibung in der Fremdsprache auf Basis bereits bekannter Vokabeln erläutert werden.[19]

Im bildungspolitischen Kontext spielt die, durch den Einsatz von Medien zu erreichende Medienkompetenz eine wichtige Rolle: Im Mai 2001 wurde eine

---

[13] Feuerstein, Reinhold (2003): „Unterrichtsmittel und Medien. Überblick". In: Bausch, Karl-Richard/ Christ, Herbert/ Krumm, Hans-Jürgen: *Handbuch Fremdsprachenunterricht*. Tübingen und Basel: Francke, S. 395-399.

[14]Vgl. hierzu den FOCUS-Artikel „Schüler lernen lieber mit PC":
<http://www.focus.de/schule/dossiers/neue-medien/studie_aid_235018.html>, eingestellt am 25.01.2008, entnommen am 13.04.2010.

[15]Vgl. Kerres: Lernumgebungen, S. 300-302.

[16] Vgl. Rösler: *E-Learning*, S. 11. Natürlich wird dieser Aspekt bei einer Internetrecherche zu einem speziellen Thema noch stärker gefördert als bei der Nutzung von Online-Vokabeltrainern. Wie im weiteren Verlauf der Arbeit aber aufgezeigt wird, spielt hier die Selbstorganisation (mit Unterstützung der Lehrperson) auch eine wichtige Rolle→ Eingabe eigener Vokabeln.

[17] Zum Thema und zur Diskussion über Einsprachigkeit im FSU vgl. Butzkamm, Wolfgang (1978): *Aufgeklärte Einsprachigkeit*. Zur Entdogmatisierung der Methode im Fremdsprachenunterricht. Heidelberg: Quelle&Meyer.

[18] Dies soll im Folgenden an einem untersuchten Online-Vokabeltrainer aufgezeigt werden.

[19] Vgl. Feuerstein: Medien, S. 396.

Ratsentschließung über das *E-Learning* verabschiedet.[20] Diese Ratsentschließung umfasste Appelle zu einer „Fortführung bzw. Verstärkung der Bereitstellung von Bildungssoftware und -hardware, der IT-Qualifizierung von Lehrpersonal, der Nutzbarmachung öffentlicher Wissensressourcen über das Internet und der Unterstützung europäischer Portale und Netzwerke unter Nutzung bestehender Gemeinschaftsprogramme in Bildung und Forschung".[21]

Das Bundesministerium für Bildung und Forschung fördert zudem mit dem Programm „Neue Medien in der Bildung" die Entwicklung und Nutzung von hochwertiger Lehr-und Lernsoftware in allen Bildungsbereichen. Dieses Programm wurde im März 2000 gestartet und besteht aus den Bereichen Hochschule, berufliche Bildung und Schule. Bis 2008 wurden Projekte im Umfang von 209,6 Millionen Euro bewilligt.[22]

3. Die Qualität von Online-Vokabeltrainern für das Fach Französisch

3.1 Voraussetzungen für die Nutzung von Online-Vokabeltrainern im Schulunterricht

Bevor nun exemplarisch zwei Online-Vokabeltrainer für das Unterrichtsfach Französisch auf ihre Qualität hin untersucht werden sollen, müssen im Vorfeld die Vorraussetzungen geklärt werden. Was muss gegeben sein, um Online-Vokabeltrainer im Unterricht sinnvoll nutzen zu können und auf welche Kriterien müssen Lehrerinnen und Lehrer beim Einsatz von Medien achten?

Der Einsatz von Medien ist in der alltäglichen Unterrichtspraxis und insbesondere auch im Fremdsprachenunterricht kein neues Phänomen. Bereits seit geraumer Zeit[23] kennen SuS in deutschen Klassenzimmern Unterricht, den Dietmar Rösler als „visuell-global-strukturell"[24] beschreibt. So wurden in den vergangenen Jahrzehnten und in vielen Fällen auch noch heute Diaprojektoren, Fernsehgeräte und Kassettenrekorder bzw. CD-Spieler verwendet, mit dem Ziel den Unterricht abwechslungsreicher und effektiver zu gestalten.[25]

---

[20] Zit. von der Homepage des Bundesministeriums für Bildung und Forschung unter der Rubrik *Bildung*, Punkt 6.1.1: „Bildungspolitische Aspekte in Entwicklungen und Initiativen auf EU-Ebene", <http://www.bmbf.de/de/8914.php>, 13.04.2010.
[21] Vgl. ebenda: „Ratsentschließung über das *E-Learning*".
[22] Vgl. ebenda.
[23] Vgl. dazu den Überblick in: Rösler, Dietmar (1994): *Deutsch als Fremdsprache*. Stuttgart: Metzler, S.87-88.
[24] Rösler: *E-Learning*, S. 11.
[25] Vgl. ebenda. Dietmar Rösler verweist, um zu zeigen wie engagiert man sich im Bereich Fremdsprachenlehre für den Einsatz für neue Medien stark machte, auf das Beispiel der Bundesarbeitsgemeinschaft Englisch an Gesamtschulen, die sich besonders engagiert für die

Für den Einsatz der obig aufgeführten Medien benötigte man allerdings ,nur' einen Raum mit Stromanschluss und das jeweilige Medium selber. Der Einsatz solcher Medien ist demnach weitaus weniger aufwändig, als der Einsatz von Computern. Hierfür benötigt man zunächst Computer und zwar im Optimalfall für jeden Schüler einen, die dann in speziell angelegten Räumen[26] fachmännisch installiert werden müssen.[27] Ohne weitere ,Kleinigkeiten' dazuzuzählen, die bei einer optimalen Lernumgebung für das E-Learning eigentlich nicht fehlen sollten,[28] wird deutlich, dass es sich bei der Einrichtung dieser Räume, die benötigt werden um Unterrichtsphasen mit dem Einsatz von Lernsoftware oder Onlineangeboten zu gestalten, um eine kostspielige Angelegenheit handelt. Weiterhin müssen in den jeweiligen Schulen auch erst einmal die Räumlichkeiten für die Einrichtung solcher Computerräume vorhanden sein.[29]

Aber einmal unabhängig vom finanziellen Aspekt: die Medienkompetenz des Lehrpersonals spielt eine ganz entscheidende Rolle, wenn man die Vorraussetzungen für die Arbeit mit Onlineangeboten näher beleuchten möchte.

Aus einer Studie von James van Haneghan[30] geht hervor, dass Medien, insofern sie sinnvoll in den didaktischen Kontext eingebettet werden, durchaus einen didaktischen Mehrwert erbringen können. Dieser didaktische Mehrwert kann aber nur erreicht werden, wenn das Lehrpersonal entsprechend medienkompetent ist, das heißt Medienkompetenzen im Rahmen seiner Ausbildung erlangt hat.[31]

Sicherlich sind technische Kompetenzen beim Einsatz von Onlineeinheiten im Unterricht von großem Nutzen. Im Hinblick auf den didaktischen Mehrwert ist mit Medienkompetenz aber vielmehr die didaktische Kompetenz gemeint.[32] Hierbei spielen folgende Fragen eine Rolle: „Wann setze ich Onlinephasen ein, um aus ihnen den effektivsten Nutzen für meine SuS zu ziehen?" und „Wie finde ich den richtigen Zeitpunkt und das richtige Maß solcher Einheiten, damit es auf meine SuS motivierend wirkt?". Das Ziel sollte also sein, die medialen Angebote didaktisch

---

Durchsetzung eines analogen Medienverbundes im FSU einsetzte: <http://www.bag-englisch.de/>, 15.04.2010.
[26] Es müssen genügend Stromanschlüsse und ein Netzanschluss vorhanden sein.
[27] Mitschian, Haymo (1998): *Von Mitteln und Mittlern.* Zur Rolle des Computers beim Fremdsprachenlernen. In: *Info DaF,* 25, 5, S. 604-611.
[28] Z.B. schülergerechte Computerstühle oder ein „Multimediallaptop" für die jeweilige Lehrperson, vgl. ebenda.
[29] Beachtet man allerdings das Projekt des Bildungsministeriums für Bildung und Forschung (S.6), so ist eine Einrichtung dieser Räume durchaus finanzierbar geworden.
[30] Vgl. Issing, Ludwig J./ Klisma, Paul (2002): *Informationen und Lernen mit Multimedia und Internet.* Lehrbuch für Studium und Praxis, Weinheim: Beltz, S. 34.
[31] Vgl. ebenda.
[32] Vgl. ebenda, S. 34-35.

sinnvoll in den Unterricht einzubetten. Das Ziel sollte aber vor allem keinesfalls sein, digitale Medien nur zu verwenden weil sie eben gerade zugänglich sind oder es gerade ‚in fachdidaktischer Mode' ist sie zu benutzen.[33] Eine mögliche Folge dieses zuletzt genannten unerwünschten Zieles formulierte der DaF-Professor Hermann Funk:

> „Der motivationale Anreiz durch die Medienverwendung im Unterricht hat sich zu allen Zeiten in dem Maße relativiert, in dem das Medium ohnehin Teil des Alltags wurde und damit nichts Außergewöhnliches mehr war."[34]

Diese Aussage unterstreicht wie wichtig es ist, dass jede Lehrperson zunächst vor dem Einsatz im Unterricht den didaktischen Mehrwert jedes Mediums hinterfragt und im Anschluss genau überlegt, wie dieses Medium am sinnvollsten einzusetzen ist.

Fakt ist aber, dass viele Lehrkräfte älterer Generationen fürchten, ihren SuS bezüglich ihres Wissens im Bereich EDV und DFÜ[35] nicht gewachsen zu sein. Dies könnte sicherlich vermieden werden, weil die Möglichkeit besteht, sich über Fortbildungen in diesem Bereich zu schulen,[36] dennoch ist es der Grund dafür, dass viele Lehrkräfte den Einsatz von Computern bzw. Notebooks scheuen.[37]

Bei der jüngeren Generation des bestehenden Lehrpersonals[38] sieht die Situation ähnlich aus. Im Jahr 2000 fühlten sich drei Viertel der Lehramtsstudenten nicht dazu in der Lage neue Medien didaktisch kompetent einzusetzen.[39]

3.2 Exemplarische Untersuchung der Qualität von Online-Vokabeltrainern für das Fach Französisch

Wie im vorherigen Kapitel festgestellt sollte jedes Medium, dass man im Unterricht einsetzen möchte, im Hinblick auf „seinen Mehrwert in Bezug auf das Unterrichtsergebnis"[40] untersucht werden. In aller Regel sollte man als Lehrperson den motivationalen und kompetenzfördernden Aspekt beim Einsatz von Medien im Blick haben und sich dabei die Frage stellen, welchen Mehrwert der Einsatz dieses

---

[33] Vgl. Rösler: *E-Learning*, S. 10.
[34] Zit. in: Funk, Hermann (2000): „Schnittstellen- Fremdsprachenunterricht zwischen ‚alten' und ‚neuen' Medien", in: Tschirner, E. /Funk, H. /Koenig, M. (Hg.): *Schnittstellen: Lehrwerke zwischen alten und neuen Medien*. Berlin: Cornelsen, S. 14.
[35] Abk. für Datenfernübertragung.
[36] Vgl. dazu <http://lehrerfortbildung-bw.de/elearning/>, 16.04.2010.
[37] Vgl. Issing,/ Klisma: Multimedia, S. 103.
[38] Die Dieter Baacke, Kai Uwe Hugger und Wolfgang Schweins im Jahr 2000 als „zukünftige Lehrergeneration" untersuchten.
[39] Vgl. Issing Klisma, S. 35.
[40] Zit. in: Funk: Schnittstellen- Fremdsprachenunterricht, S. 14

Mediums zum geplanten Zeitpunkt im Hinblick auf das angestrebte Lernziel für die SuS hat.

Nachdem die Vorraussetzungen für den Einsatz internetbasierter Übungen geklärt wurden und verdeutlicht wurde, welche Fragen sich die Lehrperson **vor** dem Einsatz dieses Mediums stellen sollte, sollen in diesem Kapitel nun zwei Onlineangebote für Vokabeltrainer im Hinblick auf ihre Verwendung im Unterrichtsfach Französisch untersucht werden. Hierzu dienen Kriterien, die in einem Französischseminar zum Thema „Wortschatzarbeit im Französischunterricht" von M.ed.-Studierenden der Ruhr-Universität Bochum für die Erstellung alternativer Vokabeltests gefunden wurden.[41]

Wenn man mit der Suche nach Online-Vokabeltrainern für das Fach Französisch beginnt und dazu zunächst einmal die Suchmaschine von Google nutzt, dann begegnet dem Suchenden zunächst eine (scheinbare) Fülle an Angeboten.[42] Bei der näheren Betrachtung wird allerdings relativ schnell deutlich, dass viele dieser Angebote entweder gar nicht kostenlos sind,[43] verbindliche Registrierungen mit persönlichen Daten erfordern[44] und zum Großteil einfach ungeeignet sind, um sie für den fremdsprachlichen Schulunterricht zu nutzen. Aus Gründen der Übersichtlichkeit sollen hier nun exemplarisch zwei Online-Vokabeltrainer gegenübergestellt werden, die in ihrer Qualität im Hinblick auf ihren Nutzen für den Schulunterricht große Unterschiede aufweisen.

Begonnen wird zunächst mit dem Angebot für einen Online-Vokabeltrainer der Internetseite *www.vokabeltrainer-online.net*, die von dem Diplomingenieur Michael Koch programmiert und gestaltet wurde. Diese Internetseite wirbt mit Vokabeltrainern für die Sprachen Englisch, Latein, Spanisch, Italienisch, Türkisch, Portugiesisch, Kroatisch, Japanisch und Chinesisch. Diese Seite erscheint als erster angezeigter Treffer bei der Google-Suche.[45] Die Vokabeltrainer für die genannten Sprachen sind kostenlos und es ist keine langwierige oder umständliche Installation

---

[41] Diese Kriterien wurden zwar nicht im Hinblick auf Online-Vokabeltrainer gefunden, aber dennoch lässt sich daran gut feststellen, ob Online-Vokabelübungen wirklich eine Alternative darstellen oder die ‚alten' Vokabeltestmethoden lediglich online gestellt wurden. Zur Findung und zum Umgang mit solchen Kriterien vgl. auch: Kerres: Lernumgebungen, S. 22-24.

[42] Bei der Eingabe von ‚Online-Vokabeltrainer Französisch kostenlos' liefert Google 68.000 Ergebnisse.

[43] Als ein Beispiel dient die folgende Seite. Kostenlos sind hier lediglich 200 Beispielsätze, das restliche Angebot ist kostenpflichtig: <http://www.strokes.de/vokabeltrainer/kostenloser-vokabeltrainer-franzoesisch.html>, 20.04.2010.

[44] Z.B. <http://www.vokker.net/de/start/>, 20.04.2010.

[45] S. Fußnote 41.

nötig.[46] Eine Registrierung ist möglich, aber nicht erforderlich. Das Angebot nach einer Registrierung ist allerdings breiter gefächert, als das für den normalen ‚Gastzugang': geübte Vokabeln werden gespeichert und richtig beantwortete Übungen erst wieder in den nächsten Übungsrunden abgefragt.[47] Falsch bearbeitete Übungen werden hingegen wiederholt abgefragt, um einen Lernerfolg gewährleisten zu können. Weiterhin kann man als nicht registrierter Nutzer keine eigenen Vokabeln eingeben.

Die Abfrage der Vokabeln findet nach dem Zufallsprinzip statt, allerdings kann man vorab in einer dafür eingerichteten Suchmaske eingeben, welche Vokabeln man lernen möchte. Die Kategorien lauten hier *Schulvokabeln, Abithemen, andere Themen, Vokabeln anderer* und *eigene Vokabeln.*[48] An diesem Punkt muss erklärt werden, dass man als registrierter Benutzer die Möglichkeit hat eigene Vokabeln in den Vokabeltrainer einzugeben, die dann gespeichert und abgefragt werden können. Wenn man, nach einer relativ einfachen und schnellen Registrierung bei der man auch (bis auf die E-Mail Adresse) keine persönlichen Angaben machen muss und sich lediglich einen Nickname aussucht, nun registrierter Nutzer ist, bietet sich die Möglichkeit eigene Vokabeln einzugeben. Nach einem Klick auf den Button *eigene Vokabeln* öffnet sich eine Maske, in die man nun eigene Vokabeln mit passender Übersetzung eingeben kann. Diese können dann noch einem Thema oder einer Lektion zugeordnet werden, um eine bessere Übersicht zu erhalten. Nach einem unkomplizierten Abspeicherungsvorgang kann man dann die nächste Vokabel eingeben.[49] Wenn man die Eingabe beenden will, schließt man die Maske und gelangt automatisch wieder auf die Startseite, auf der man mit seinem Nickname begrüßt wird.

Weiterhin kann man auch mit *Vokabeln anderer* arbeiten. Diese Option bietet Listen an, die von anderen Nutzern zu beliebigen Themen eingestellt worden sind.[50]

Letztlich besteht noch die Möglichkeit sich eine Statistik erstellen zu lassen, welche nach Themen bzw. Lektionen, durchgeführten Übungen (‚Runden') und der Anzeige über richtig oder falsch beantworteten Übungen gegliedert ist. Darüber hinaus kann

---

[46] Ein Argument für Lehrkräfte, die ihre technischen Fähigkeiten als eher begrenzt einstufen.
[47] Also beim nächsten Log-In, z.B. nach ein oder zwei Tagen, aber auch nach mehreren Wochen.
[48] Vgl. die Startseite: <http://www.vokabeltrainer-online.net/>, 20.04.2010.
[49] Dieser Aspekt unterstützt das Kriterium der Selbst-bzw. Lernorganisation, vgl. S. 5 der vorliegenden Arbeit.
[50]Vgl.<http://www.kochhome.de/cgibin/baseportal.pl?htx=/vokabeltrainer/vokabelliste&ziel=es&riz= &spr=fr>, 20.04.2010. Vor einem Einbezug solcher Listen in die Unterrichtsarbeit müsste die Lehrperson allerdings zuvor die Korrektheit dieser Listen prüfen.

man auch bei einem Ranking teilnehmen, das auflistet welcher Nutzer der Beste des Tages oder der Woche war.[51]

Wenn man diese Seite zunächst betrachtet erscheint sie für den Einsatz im FSU im Hinblick auf ihr Angebotsspektrum sehr effizient. Vor allem die Möglichkeit, dass eigene Vokabeln eingegeben werden können, was den Aspekt der Selbst-bzw. Lernorganisation fördert, erscheint für den Einsatz im FSU sehr produktiv. Es verhindert gleichzeitig die Möglichkeit, dass SuS nach beliebigen bzw. auch unwichtigen Vokabeln abgefragt werden, die sie vielleicht noch gar nicht im Unterricht hatten oder die für ihr Leistungsniveau einfach nicht angemessen sind. Ein weiterer Vorteil ist, dass so auch *multiword items* abgefragt werden können, wenn man diese zuvor eingegeben hat.[52]

Generell muss man bei der Beurteilung dieses Online-Vokabeltrainers im Hinblick auf die genutzten Kriterien deutlich unterscheiden: wenn man eigene Vokabeln eingibt, ist die Möglichkeit gegeben *multiword items* einzugeben. Ebenso kann man bei der Abspeicherung eigener Vokabeln auch Synonyme oder Antonyme eingeben, die dann bei der Abfrage erscheinen. Auch das Kriterium des aufsteigenden Schwierigkeitsgrades, der inneren Progression, kann bei der Eingabe und Lektionszuordnung berücksichtigt werden.[53]

Diese letzten beiden Kriterien werden, wenn bei der Nutzung dieses Online-Vokabeltrainers ohne die Eingabe eigener Vokabeln gearbeitet wird nicht berücksichtigt.

Weiterhin verwendet dieser Online-Vokabeltrainer kein Bildmaterial, was gerade die jüngeren Lernenden optisch ansprechen würde und auch im Hinblick auf die Andersartigkeit zu herkömmlichen Vokabeltests ein Kriterium darstellt. Das Vokabular wird nicht in situative Kontexte eingebettet und auch Raum für Definitionen bzw. Umschreibungen, die herangezogen werden könnten, wenn die

---

[51]Vgl.<http://kochhome.de/cgibin/baseportal.pl?htx=/vokabeltrainer/auswertung&inhalt=best_24&spr =fr>, 20.04.2010. Diese Funktion funktionierte bei meiner ersten Recherche ohne Probleme. Am 20.04.2010 hingegen und auch an darauffolgenden Tagen schien sich ein Serverfehler in diesem Bereich eingeschlichen zu haben, da man das Ranking-zumindest für das Fach Französisch- nicht mehr abrufen konnte. Allerdings wäre dieser Aspekt besonders interessant für die Arbeit im Klassenverbund als motivierender Anreiz.
[52] Allerdings fragt dieser Online-Vokabeltrainer auch *multiword items* ab, wenn man Vokabeln aus den anderen angebotenen Bereichen lernt.
[53] Es ist z.B. möglich bestimmte Vokabeln unter der „Lektion einfach" abzuspeichern, weitere unter der „Lektion mittel" und wieder weitere unter der „Lektion schwer". Bei der Einteilung können die SuS frei entscheiden, welche Vokabel sie welchem Schwierigkeitsgrad zumessen, was auch die Aspekte der Selbstorganisation und Individualität der SuS abdeckt.

SuS nicht auf genau **die** gesuchte Vokabel kommen, findet sich nicht. Ebenso fehlt die Möglichkeit individuelle Wortschatzkenntnisse einbringen zu können.[54]

Das wohl größte Problem und der gleichsam stärkste Kritikpunkt an diesem Vokabeltrainer ist die optische Gestaltung der Seite. Am Beispiel des Feedbacks[55], dass die Lernenden erhalten, wird dies besonders deutlich.

Zwar bekommt der Lernende hier ein direktes Feedback und auch mit der Gegenüberstellung des Eingegeben und der richtigen Antwort die Veranschaulichung seines Fehlers, aber zum einen findet diese Korrektur nicht in der Zielsprache statt, sondern in der Muttersprache und die Möglichkeit sich selbst zu korrigieren wird auch nicht gegeben. Bei einer falschen Eingabe erscheint in roter Schrift die Information „Das war leider nicht richtig.", darunter steht dann noch einmal die abgefragte Vokabel, das was eingegeben wurde und die richtige Lösung.

Hier könnte man sicherlich einiges, vor allem im Hinblick auf jüngere SuS verbessern und den optischen Anreiz erhöhen und z.B. mit ermutigenden Einblendungen eine höhere Motivation zum Weitermachen erreichen.[56] Gerade hier liegt doch der Vorteil von Online-Angeboten: sie ermöglichen ein direktes Feedback, welches die SuS bei herkömmlichen Vokabeltests nicht bekommen und die graphische Gestaltung, insofern sie gelungen gestaltet wird, kann die SuS dabei zeitgleich motivieren. Eine Korrektur mit dem Rotstift, so wie sie hier zu finden ist, findet in der Regel auch bei klassischen Vokabeltests statt.

Generell lässt sich sagen, dass der vorgestellte Vokabeltrainer schon einige der herangezogenen Kriterien erfüllt, wie z.B. die Abfrage der *multiword items*, im Hinblick auf die Eingabe eigener Vokabeln eine innere Progression und die Förderung der Selbstorganisation. Gerade für jüngere SuS stellt dieser Vokabeltrainer aber keine wirkliche Alternative zu traditionellen Vokabeltests dar. Zwar erhalten die SuS im Gegensatz zu klassischen Vokabeltests hier ein direktes Feedback, aufgrund der enttäuschenden graphischen Gestaltung und der fehlenden motivierenden Komponente[57] eignet sich dieser Vokabeltrainer aber nicht als Ersatz für herkömmliche Vokabeltests im FSU.

---

[54] Dieser Aspekt spielt in den aufgestellten Kriterien auch eine wichtige Rolle.
[55] Zur Wichtigkeit des Feedbacks, vgl.: Rösler: *E-Learning*, S. 179-187.
[56] Vgl. dazu Issing /Klisma: Multimedia, S. 100-101.
[57] Z.B. ein „Das war leider nicht richtig, aber beim nächsten Mal wirst du es sicher richtig machen!"

Ein anderes Beispiel, welches die eben kritisierten Aspekte gut umgesetzt hat, ist der Vokabeltrainer der Seite *www.lingoland.net.*[58]

Diese Seite ist zunächst vom ersten Eindruck sehr bunt, aber nicht überladend gestaltet. Sie gehört zu einem Projekt im Rahmen des Programms LINGUA2, welches von der Europäischen Union gefördert wird.[59] Auf einer Weltkarte müssen die Lernenden zunächst das Land auswählen, in dem ihre Fremdsprache gesprochen wird. Klickt man nun für das hiesige Beispiel auf Frankreich, so werden die Lernenden zunächst auf französisch von einem durch das Menü führendem Männchen begrüßt. Der Aspekt des Hörverständnisses[60] wird von Anfang an mit berücksichtigt. Man hat im Menü dieser Seite verschiedene Optionen: die erste Option ist ein Quiz,[61] welches ein Memoryspiel mit verschiedenen französischen Begriffen,[62] die Möglichkeit einer virtuellen Dialogerstellung mit vorgegebenen Begriffen und einem Fragebogen zu dem Männchen, das durch das Quiz führt, bietet.[63]

Weiterhin gibt es die Möglichkeit, durch das Anklicken einer Weltkugel, leicht verständliche Informationen zu anderen Ländern zu bekommen. Hier wird der Aspekt des interkulturellen Lernens aufgegriffen und kann z.B. für Recherchen im Unterricht herangezogen werden.[64]

Auf die für den hiesigen Themenzusammenhang wohl wichtigste Option dieser Seite gelangt man durch das Anklicken eines Buches. Hier findet man eine Vielzahl von Vokabeln, die in verschiedene Kategorien unterteilt sind.[65] Zunächst sind dies grammatische Kategorien wie z.B. *verbes, adjectifs* und *pronoms interrogatifs,* aber weiterhin auch Themenbereiche wie z.B. *remercier/demander, couleurs, famille,*

---

[58]Vgl.<http://www.e-learning-bw.de/unterricht-gestalten/fachbeispiele/fremdsprachen.html>, 26.04.2010. Diese Seite wird vom ‚*E-Learning* Portal Baden-Württemberg' für Kinder zwischen 6 und 12 Jahren empfohlen und wendet sich vor allem an Lehrer und Lehrerinnen im Primarbereich. Da es aber in Deutschland bislang nur sehr wenige Grundschulen gibt, die Französisch anbieten (Ausnahme z.B.:< http://www.dfgs.fr.bw.schule.de/index_d.htm>, 26.04.2010) eignet sich diese Seite auch für SuS in den ersten Lernjahren der weiterführenden Schulen, insofern sich diese noch nicht in einem zu weit vorangeschrittenen Alter befinden.

[59] Vgl. <http://www.lingoland.net/webcom/show_article.php?wc_c=1202&wc_id=>, 26.04.2010.

[60] Zum Hörverständnis vgl. Hirschfeld, Ursula: Ausspracheübungen. In: Bausch, Karl-Richard/ Christ, Herbert/ Krumm, Hans-Jürgen: *Handbuch Fremdsprachenunterricht.* Tübingen und Basel: Francke, S. 279.

[61] Zum Quiz vgl.: <http://www.lingoland.net/languagequiz/q5.php>, 26.04.2010.

[62] Und dazu passenden Bildern.

[63] Bei diesem Spiel müssen sich die SuS zuvor einen einfachen Steckbrief über das Männchen durchlesen.

[64] Dies ist zwar im hiesigen Kontext nicht so interessant, aber im Hinblick auf den Einsatz des Internets im FSU zu Informationsbeschaffung und eben auch im Hinblick auf interkulturelles Lernen (z.B. für Referate) ein gelungenes Angebot, vgl.:
<http://www.lingoland.net/europeatlas/showmap.php>, 26.04.2010.

[65]Vgl. <http://www.lingoland.net/lexikon/search.php?action=range>, 26.04.2010.

animaux und *nature*. So besteht die Möglichkeit die SuS nach bestimmten Themenbereichen lernen zu lassen. Die Vokabeln sind zunächst nicht übersetzt. Durch das Anklicken der jeweiligen Vokabel kann man sich diese anhören. Des Weiteren erhält man durch Anklicken der bestimmten Vokabel eine Erklärung auf der jeweiligen Fremdsprache mit einem dazu passendem Foto. Ein Beispiel: das Verb *écrire* wird angeklickt. In einem kleinen Fenster öffnet sich dann ein Bild auf dem eine Frau abgebildet ist, die an eine Tafel schreibt. Unter dem Bild steht „La maîtresse écrit au tableau."[66] Durch leicht verständliche Erklärungen mit Bildern, die dazu noch akustisch unterlegt sind, tauchen die SuS ganz in die Fremdsprache ein. Die SuS erhalten so die Möglichkeit, die Vokabeln auf Basis der Fremdsprache zu verstehen, so wie es auch in den aufgestellten Kriterien gewünscht wurde. Eine Vermeidung der Muttersprache ist auf dieser Seite deutlich umgesetzt.

3.3 Unterrichtspraktischer Vorschlag für den Einsatz der Onlineangebote von *www.lingoland.net*

Nach Vergleich der beiden Online-Vokabeltrainer unter Beachtung der aufgestellten Kriterien ist deutlich geworden, dass der Vokabeltrainer, der über die Seite *www.lingoland.net* angeboten wird für den Einsatz im FSU im Hinblick auf SuS zwischen 11 und 13 Jahren eine klare Alternative zu herkömmlichen Vokabeltests offeriert. Da bereits festgestellt wurde, dass im Schulalltag *E-Learning* meist in Form von *Blended Learning* angewendet wird, soll im Folgenden ein kurzer Vorschlag zum Einsatz dieser Seite für die Nutzung im FSU gegeben werden. Da die vorliegende Arbeit den Mehrwert des Einsatzes der Vokabeltrainer für SuS zwischen 11 und 13 Jahren untersucht hat, muss erwähnt werden, dass sich die SuS im ersten bzw. zweiten Lernjahr Französisch befinden.

Das Angebot von verschiedenen Quizsorten auf dieser Seite ist eine spielerische Abwechslung bei dem Erlernen einer fremden Sprache. Es würde sich daher anbieten diese Quizangebote z.B. an das Ende einer Unterrichtsstunde zu setzen, in der die SuS sich stark konzentrieren mussten. Das kann z.B. eine Grammatikeinführungsstunde gewesen sein. Die SuS bekommen so am Ende einer solchen Stunde noch einmal die Möglichkeit etwas abzuschalten, beschäftigen sich aber dennoch mit der zu erlernenden Fremdsprache. Es bleibt festzustellen, dass diese Seite keine

---

[66] Vgl. <http://www.lingoland.net/lexikon/show_details.php?wortkey=22 >, 28.04.10.

14

herkömmlichen Vokabeltests in digitalisierter Form anbietet, das Vokabular aber spielerisch und auch didaktisch gut abfragt. So wird, wie bereits erwähnt das Vokabular in der Fremdsprache umschrieben. Hier könnte man als Lehrperson ein Arbeitsblatt anfertigen auf dem verschiedene Verben angegeben sind. Die Aufgabenstellung könnte hier lauten: Bildet mit der jeweiligen Vokabel drei sinnvolle Sätze. Die SuS würden zudem die Möglichkeit erhalten sich auf der Seite *www.lingoland.net* Anregungen zu holen, da hier ja zu jeder Vokabel ein Beispielsatz aufgeführt ist.[67]

Eine weitere Form der Übung wäre den SuS unbekannte Vokabeln zu geben und sie diese auf der Seite im *Dictionnaire* suchen zu lassen. Hier finden die SuS erklärende Sätze in der Fremdsprache vor und können sich somit im Optimalfall die Vokabel selbst erklären.

Ein weiterer Vorschlag wäre eine Übung zum Hörverständnis auf Basis von *multiword items,* die man auch mit einem Test verbinden könnte.[68] Beispiel: Die Lehrperson könnte an einem Computer für alle SuS hörbar eine der bereits erwähnten Vokabelerklärungen vorspielen. Die SuS müssten dann die dazu passende Grundform des Verbs auf ihr Blatt bzw. wenn sie sich an einem Computer befinden in ein Word-Dokument eintragen.

4. Fazit

Die Seite *www.lingoland.net* bietet keinen Vokabeltrainer im üblichen Sinne mit Abfragungen und Korrekturfunktionen an. Vielmehr gibt es hier die Möglichkeit über spielerische Übungen[69] Vokabular zu festigen.[70] Die Grafik der Seite ist sehr farbenfroh gestaltet und gerade im Hinblick für SuS im Alter von 11-13 Jahren recht ansprechend. Da in dieser Arbeit untersucht werden sollte, ob Online-Vokabeltrainer eine wirkliche Alternative zu herkömmlichen Vokabeltests bieten, so muss festgestellt werden, dass die Seite *www.lingoland.net* eine bessere Alternative als die Seite *www.vokabeltrainer-online.net* darstellt. Die Aufgaben, die der Online-Vokabeltrainer der Seite *www.vokabeltrainer-online.net* übernimmt, können bis auf den Aspekt des direkten Feedbacks auch mit herkömmlichen Vokabeltests abgedeckt

---

[67] Hier wäre auch das Kriterium *multiword items* abgedeckt.
[68] Hier müsste allerdings sicher gestellt sein, dass die SuS mit Hörverständnisübungen vertraut sind.
[69] Vgl. dazu noch einmal das bereits erwähnte Quiz auf dieser Seite.
[70] Gleichzeitig bietet diese Seite auch viele Angebote zum interkulturellen Lernen.

werden.[71] Die Möglichkeiten, die die Seite *www.lingoland.net* hingegen bietet, stellen eine wirkliche Alternative zu Vokabeltests auf Papier dar. Durch die verschiedenen Quizangebote, die in den Unterricht eingebettet werden können und laut des Anbieters immer wieder aktualisiert werden, kann eine effektive und produktive Abwechslung in den Unterricht gebracht werden. Die SuS erhalten so einen neuen Motivationsschub, der auf der Seite *www.vokabeltrainer-online.net* nach eingehender Analyse dieses Vokabeltrainers so nicht stattfinden würde, da hier einfach kein wirklicher Unterschied zu herkömmlichen Vokabeltests vorzufinden ist. Hier sollte man dann wieder an das bereits erwähnte Zitat von Hermann Funk[72] denken, welches beinhaltete, dass der motivationale Anreiz im Umgang mit Medien immer dann abflacht, wenn das verwendete Medium nichts außergewöhnliches mehr ist. Natürlich muss man auch bei dem Einsatz der Seite *www.lingoland.net* darauf achten sie nicht zu oft in die Unterrichtspraxis einzubetten, da auch hier die Möglichkeit besteht, dass die eigentlich als Abwechslung gedachte Arbeit mit dieser Seite zum Alltag wird.

---

[71] Das Eingeben eigener Vokabeln kann durch das altbekannte Vokabelheft ersetzt werden und die verschiedenen Abfragemöglichkeiten kann auch die Lehrperson anbieten.
[72] Vgl. S. 5 der vorliegenden Arbeit.